Fränkisches Kochbuch

Köstliche und abwechslungsreiche fränkische Rezepte für jeden Anlass

Alexander Reimann

Alle Ratschläge in diesem Buch wurden vom Autor und vom Verlag sorgfältig erwogen und geprüft. Eine Garantie kann dennoch nicht übernommen werden. Eine Haftung des Autors beziehungsweise des Verlags für jegliche Personen-, Sach- und Vermögensschäden ist daher ausgeschlossen.

Email: info@edition-lunerion.de
www.edition-lunerion.de

Psiana eCom UG
Berumer Str. 44
26844 Jemgum

Vorwort

Atemberaubend schöne Mainlandschaft, Schlösser, Burgen und bezaubernde Altstädte, der erlesene Frankenwein – dafür ist Franken längst weithin bekannt, aber das vielleicht Wichtigste darf dabei nicht fehlen: Die einzigartige fränkische Küche, die mit herzhaften und süßen Leckereien für jeden Geschmack besticht. Und für das original Franken-Feeling müssen Sie nicht mal verreisen, sondern holen sich mit den liebevoll ausgewählten Schlemmereien jederzeit Ihr kleines Stück fränkischen Genuss auf den Teller! Ob Kartoffelklöße, Bratwurst, Schäufele oder Karpfen: Wer es geschmackvoll-deftig liebt, der kommt bei der Speisetradition zwischen Bamberg, Nürnberg und Würzburg voll auf seine Kosten. Doch auch jenseits der berühmten Klassiker wartet das kulinarische Frankenland mit ungeahnter Vielfalt auf und bietet eine reiche Auswahl an feinen Salaten, herzhaften Brotzeit-Ideen, raffinierten Fischgerichten und verführerischen Süßspeisen für Naschkatzen. Und auch Liebhaber von knackig-frischem Gemüse können sich auf allerhand Leckereien freuen, die die fränkische Küche aus den Feldfrüchten der Region auf den Tisch zaubert – maximale Abwechslung ist also garantiert. Dank der praxiserprobten und leicht nachzukochenden Rezepte gelingt jede Leckerei auch ungeübten Köchen auf Anhieb und schon die ersten Bierspätzle werden ein voller Erfolg!

Guten Appetit!

INHALT

Laß daas schmecka

Die Region Franken besticht mit guten Bieren und Weinen, aber auch mit einer kulinarischen Vielfalt auf den Tellern. Bratwurst und Klöße sind essenzielle Bestandteile der fränkischen Küche. Von Stadt zu Stadt findet man hier aber doch auch Unterschiede. Neben rustikalen Geschmäckern findet aber auch der Fisch ein Plätzchen auf der Liste beliebter fränkischer Rezepte. Bei den Getränken spaltet es ein wenig die Region in sogenannte Weinfranken und Bierfranken. Bevor wir mit den Rezepten starten, erfahren Sie vorab noch weitere informelle Eindrücke aus dem Frankenland.

KULINARISCHE INFOS

Politisch zählt das Frankenland zu Bayern. Kulinarisch möchte es aber von der bayerischen Küche separat betrachtet werden. Gutes Essen spielt in Franken eine sehr zentrale Rolle. Kartoffeln und Fleisch gehören hierbei zu den wichtigsten Bestandteilen. Besonders bekannt sind die Kartoffelklöße, Bratwürste und das Schäufele. Eine zünftige Brotzeit ist ebenfalls gerne gesehen. Bamberg, Nürnberg und Würzburg werden gerne als Mittelpunkte der fränkischen Küche bezeichnet. Wie in vielen Regionen Deutschlands wird auch in der fränkischen Küche gerne Schweinefleisch zubereitet. Hinzu kommt der

Karpfen als beliebtes Fischgericht. Ab und an findet auch Gemüse seinen Weg auf einen fränkischen Teller. Hierbei greift man häufig zu Weißkraut, Blaukraut, Sauerkraut, Kohlrabi und Wirsing. Eben jenes Gemüse, das auch in Franken angebaut wird. Auf einen regionalen Bezug und die Frische der Zutaten legen die Franken sehr besonderen Wert. Der Begriff *Franken* beschreibt eine Region in Deutschland, die nochmals in Oberfranken, Mittelfranken und Unterfranken unterteilt werden kann. Eine strenge Eingrenzung der Gebiete gibt es allerdings nicht. Die Begrifflichkeit lässt sich durch die Lage zum Main erklären. Oberfranken liegt am Oberlauf des Mains, Unterfranken demnach am Unterlauf und Mittelfranken dazwischen.

Unterfranken

Unterfranken gilt als Weinland und somit ist eine Spezialität aus dieser Region die Weinwurst. Auch hier ist die Küche gerne deftig. So gehören klassisch Fleisch und Klöße auf den Tisch. Die Unterfranken gelten eher als Weinfranken.

Oberfranken

Oberfranken stellt in mehreren kulinarischen Bereichen sogar Weltrekorde auf. Die meisten Metzgereien, Brauereien und Bäckereien der Welt gibt es im Gebiet Oberfranken. Ebenfalls findet man in Oberfranken Europas größtes Anbaugebiet für Süßkirschen und Meerrettich und sie haben dazu noch die meisten Mühlen und Brennereien. Nicht ohne Grund gilt Oberfranken als Genussregion mit speziell ausgebildeten Genussbotschaftern. Oberfranken gelten als Bierfranken.

Mittelfranken

Wie die Oberfranken gelten die Mittelfranken als Bierfranken. Mit Nürnberg hat Mittelfranken eine zentrale Geburtsstadt der fränkischen Kulinarik inne. Die Nürnberger Bratwurst hat weltweite Bekanntheit. Aber damit nicht genug: Die Lebkuchen aus Nürnberg sind ebenfalls ein Weltstar.

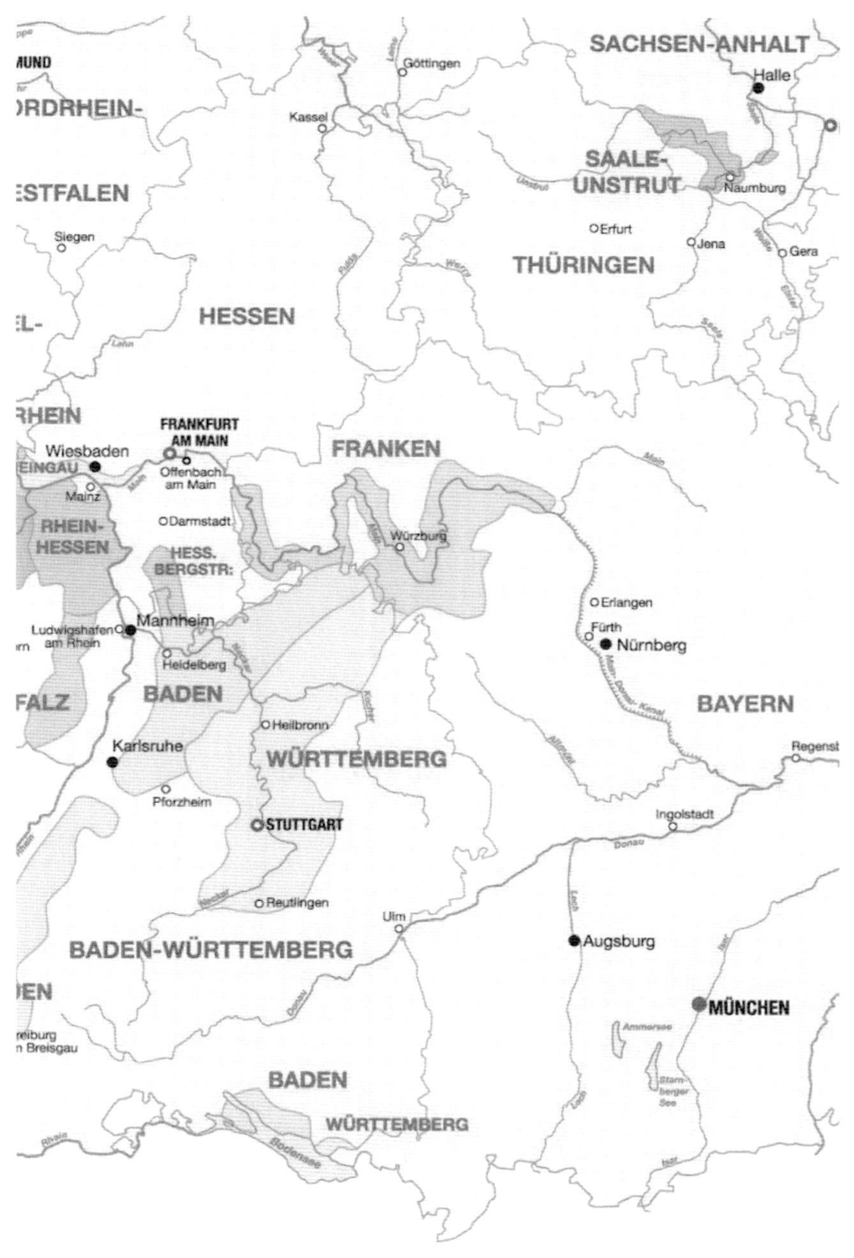
SACHSEN-ANHALT
Halle
Göttingen
Kassel
SAALE-
UNSTRUT
Naumburg
Erfurt
Jena
Gera
THÜRINGEN
ESTFALEN
Siegen
HESSEN
FRANKFURT
AM MAIN
Wiesbaden
Offenbach
am Main
Mainz
FRANKEN
Darmstadt
RHEIN-
HESSEN
HESS.
BERGSTR.
Würzburg
Erlangen
Fürth
Nürnberg
Mannheim
Ludwigshafen
am Rhein
Heidelberg
BADEN
FALZ
BAYERN
Heilbronn
Karlsruhe
WÜRTTEMBERG
Regensb
Pforzheim
STUTTGART
Ingolstadt
Reutlingen
Ulm
Augsburg
BADEN-WÜRTTEMBERG
MÜNCHEN
BADEN
WÜRTTEMBERG

Suppen

KARTOFFELSUPPE

6 Port.

45 Min.

Leicht

Zutaten

40 g Butter
1 kg Kartoffeln, mehlig
250 g Zwiebeln
200 g Kohlrabi
200 g Möhren
1 l Gemüsebrühe
200 g Porree
2 TL Majoran
100 g Knollensellerie
6 Wiener Würstchen
200 ml Sahne
Pfeffer und Muskat

Nährwerte p. P.

526 kcal
36 g Kohlenhydrate
17 g Eiweiß
33 g Fett

1 Die Kartoffeln schälen und in Würfel schneiden.

2 Die geschälten Zwiebeln ebenfalls fein würfeln. In einem Topf Butter erhitzen und die Zwiebeln darin andünsten. Regelmäßig umrühren, da die Zwiebeln nicht braun werden sollen. Die Kartoffelwürfelchen in die Pfanne geben. Die Brühe dazugießen.

3 Den Kohlrabi und die Möhren schälen und in Würfel schneiden. Den Porree in Ringe schneiden. Den Sellerie ebenfalls würfeln. Das vorbereitete Gemüse nun zu den Kartoffeln in den Topf geben. Muskat und 1 TL Majoran hinzufügen, aufkochen und für 20 Minuten köcheln lassen.

4 Die gesamte Masse pürieren, die Sahne dazugießen und mit Majoran und Pfeffer abschmecken.

5 Die Würstchen in kleine Scheiben schneiden und noch kurz in der Suppe warm werden lassen.

BIER-BROT-SUPPE

2 Port.

20 Min.

Leicht

Zutaten

500 ml Bier
2 Zwiebeln
1,25 l Rinderbrühe
Prise Salz, Pfeffer
50 g Butter
4 Scheiben Roggenbrot
Schnittlauch
40 g Schweineschmalz

Nährwerte p. P.

686 kcal
56 g Kohlenhydrate
8 g Eiweiß
41 g Fett

1 Die geschälten Zwiebeln in Ringe schneiden und anschließend in Schweineschmalz anrösten.

2 Alle Zutaten in einen großen Topf geben und mit der heißen Brühe übergießen. Mit Pfeffer und Salz würzen.

3 Jede Brotscheibe diagonal in vier Teile schneiden. Diese in Bier tunken und in Butter anrösten. Die gerösteten Brotstücke in einen Suppenteller legen und die Brühe darübergeben.

4 Den Schnittlauch in Röllchen schneiden und darüberstreuen.

MOSTSUPPE

4 Port.

45 Min.

Leicht

Zutaten

½ Stange Lauch
1 Zwiebel
2 EL Butter
30 g Sellerie
1 Möhre
1 EL Mehl
500 ml Geflügelfond
2 Lorbeerblätter
500 ml Weißwein
Prise Salz und Pfeffer
3 Scheiben Toast
250 g Schlagsahne
Prise Zimt und Muskat

Nährwerte p. P.

515 kcal
18 g Kohlenhydrate
5 g Eiweiß
36 g Fett

1 Die Zwiebel schälen, das Gemüse abwaschen und alles würfeln. 1 EL Butter in einer Pfanne erhitzen, Mehl darüberstreuen und ständig rühren.

2 Fond und Weißwein hineingießen. Die Lorbeerblätter hineingeben und 20 Minuten garen lassen.

3 Nun die gesamte Masse in ein Sieb geben und durchstreichen und zurück in den Topf füllen. Die Sahne hineinrühren und mit Muskat, Pfeffer und Salz würzen.

4 Das Brot in Würfel schneiden und in der übrigen Butter in der Pfanne anrösten und Zimt darüberstreuen.

5 Die Suppe nochmals kurz pürieren und aufschäumen, auf die Teller verteilen und mit den Croûtons servieren.

MONTAG'S BROTSUPPE

4 Port.

15 Min.

Leicht

Zutaten

8 Scheiben Brot, 1 Tag alt
5 EL Butterschmalz
Prise Muskat
1 EL gehackte Petersilie
500 ml Fleischbrühe
4 Eier
1 Knoblauchzehe
1 gewürfelte Zwiebel
Pfeffer
1 Pck. Suppengemüse

Nährwerte p. P.

487 kcal
46 g Kohlenhydrate
19 g Eiweiß
23 g Fett

1 3 EL Butterschmalz in einem Topf erhitzen und die Zwiebelwürfel andünsten. Das Suppengemüse kleinschneiden. Ebenfalls in den Topf geben und fünf Minuten andünsten. Brühe dazugießen, den gepressten Knoblauch dazugeben, aufkochen und 15 Minuten köcheln lassen. Mit Muskat und Pfeffer würzen.

2 Die Eier verquirlen, unter die Suppe rühren und erneut aufkochen lassen.

3 Das Brot fein würfeln und mit dem übrigen Butterschmalz in der Pfanne kross anbraten.

4 Die Suppe auf die Teller verteilen und die Brotwürfel darübergeben. Die gehackte Petersilie darüberstreuen.

KNOBLAUCHSUPPE

 4 Port.
 24 Min.
 Leicht

Zutaten

200 ml kalte Milch
1 EL Mehl
2 ½ EL Butter
1 Msp. Gemüsebrühe
500 ml Rinderbrühe
200 ml Sahne
3 Knoblauchzehen
1 EL Pflanzenöl
1 EL Semmelbrösel
1 Paar grobe Bratwürste
2 Stängel Petersilie, glatt
80 g Lauchgrün
Salz, Pfeffer, Muskat, Cayennepfeffer

Nährwerte p. P.

701 kcal
19 g Kohlenhydrate
16 g Eiweiß
61 g Fett

1 1 EL Butter in einem Topf erhitzen und mit Mehl bestäuben. Schritt für Schritt langsam die Milch dazugeben und mit einem Rührbesen verrühren. Die Rinderbrühe dazugeben und aufkochen lassen. Die Sahne hineinrühren und erneut aufkochen.

2 Die Suppe 20 Minuten köcheln lassen. Mit Salz, Pfeffer, Brühepulver, Muskat und Cayennepfeffer würzen.

3 Den geschälten Knoblauch in feine Scheiben schneiden und mit einem TL Butter in einer kleinen Pfanne erhitzen und anbräunen. Den Knoblauch mit dem Bratfett in die Suppe geben und pürieren.

4 Das Brät aus der Wurst pressen, mit den Semmelbröseln verkneten. Fein gehackte Petersilie dazugeben. In einer Pfanne das Öl heiß werden lassen. 24 Nocken aus der Wurstmasse herausstechen und in die Pfanne geben. Rundherum anbraten.

5 Den Lauch der Länge nach halbieren und schräg in Streifen schneiden. Mit 1 EL Butter in einer Pfanne anbraten. Salz dazugeben. Nochmals die Suppe aufkochen lassen und erneut schaumig pürieren. Auf die Teller verteilen, die Nocken und die Lauchstreifen hineinlegen.

LINSENSUPPE MIT EINLAGE

4 Port.

1 Std.

Leicht

Zutaten

1 kleine Zwiebel
300 g Linsen
1 Msp. Natron
1,2 l Wasser
Salz, Essig
250 g Mehl
3 Eier
1 TL Salz
100 ml Milch

Nährwerte p. P.

1137 kcal
185 g Kohlenhydrate
56 g Eiweiß
14 g Fett

1 Die Linsen in Wasser kochen. Die Zwiebel fein würfeln und gemeinsam mit Natron zu den Linsen geben. Alles für 30 Minuten kochen.

2 Die letzten vier Zutaten zu einem Teig verrühren. Einen Teelöffel zu Hilfe nehmen und kleine Nocken herausstechen und in die Suppe legen. Zehn Minuten weiterköcheln lassen.

3 Abschließend mit Essig und Salz würzen.

GRÜNKERNSUPPE

4 Port.

35 Min.

Leicht

Zutaten

40 g Butter
1 Zwiebel
125 g Sahne
1 l Gemüsebrühe
100 g gemahlene Grünkerne
1 EL gehackte Kräuter
Zucker, Salz, Pfeffer, Muskat

Nährwerte p. P.

258 kcal
21 g Kohlenhydrate
5 g Eiweiß
16 g Fett

1 Die geschälte Zwiebel in feine Würfel schneiden. Die Butter in einem Topf zum Schmelzen bringen. Unter ständigem Rühren die Zwiebel darin andünsten. Die gemahlenen Grünkerne hineingeben und umrühren.

2 Mit der Gemüsebrühe ablöschen und mit einem Rührbesen aufschlagen. Die Suppe aufkochen, Temperatur reduzieren, zehn Minuten köcheln lassen und hin und wieder umrühren.

3 Die Sahne unterrühren, nochmals aufkochen und mit Muskat, Salz, Zucker und Pfeffer würzen. Abschließend mit den Kräutern garnieren.

SAUERAMPFERSUPPE

 6 Port.  10 Min.  Leicht

Zutaten

3 Kartoffeln
350 g Sauerampfer
1 ½ l Gemüsebrühe
2 Eier
50 g Butter
4 EL Sahne
Kräutersalz

Nährwerte p. P.

198 kcal
10 g Kohlenhydrate
7 g Eiweiß
14 g Fett

1 Die Butter schmelzen lassen und den Sauerampfer hineingeben. Die Butter darf nicht zu heiß sein. Sobald ein Brei entsteht, die Gemüsebrühe hineingeben. Alles aufkochen lassen.

2 Die Kartoffeln in kleine Würfel schneiden. In die Suppe legen und 30 Minuten köcheln lassen.

3 Die Suppe durch ein feines Sieb streichen. Die Eigelbe trennen und mit der Sahne dazugeben.

4 Die Suppe bei ganz kleiner Stufe andicken lassen. Hierbei ständig umrühren und nicht kochen lassen. Die übrige Butter unterrühren.

Frühstück

Die Franken galten nicht gerade als Frühstücksliebhaber. Ihnen genügte Brot, eingebrockt in ihren Kaffee oder ihre Milch. Somit finden sich nicht allzu viele Rezepte für ein ausgiebiges fränkisches Frühstück. Ein paar wenige gibt es allerdings doch.

STRAMMER MAX

4 Port.

20 Min.

Leicht

Zutaten

40 g Butter
4 Scheiben Mischbrot
4 Eier
½ Bund Schnittlauch
4 Scheiben Schinken
2 Gewürzgurken
2 EL Öl
Salz, Pfeffer

Nährwerte p. P.

641 kcal
46 g Kohlenhydrate
23 g Eiweiß
38 g Fett

1 Jede Scheibe Brot mit Butter bestreichen. Schinken darauflegen.

2 In einer Pfanne Öl erhitzen. Die Eier aufschlagen und hineingeben. Salzen und pfeffern.

3 Auf jede Scheibe Brot ein Spiegelei legen. Den Schnittlauch in kleine Röllchen schneiden. Die Gurken in dünne Scheiben schneiden. Mit den Gurken und dem Schnittlauch garnieren.

KÄSE MIT MUSIK

1 Port.

10 Min.

Leicht

Zutaten

1 EL Öl
1 kleine Zwiebel
150 g Romadur
Prise Zucker
Salz, Pfeffer
2 EL Rotweinessig
1 EL Schnittlauch
2 - 3 EL Wasser

Nährwerte p. P.

118 kcal
4 g Kohlenhydrate
1 g Eiweiß
10 g Fett

1 Die geschälte Zwiebel in sehr dünne Scheiben schneiden.

2 Die „Musik" aus 2 - 3 EL Wasser, Öl, Essig, Zucker, Salz und Pfeffer anrühren.

3 Den Romadur-Käse in einen tiefen Teller legen. Viele Zwiebelringe darauflegen und mit der „Musik" übergießen. Die Schnittlauchröllchen darüberstreuen.

APFELTOAST

4 Port. 25 Min. Leicht

Zutaten

3 EL Butter
4 Scheiben Emmentaler
4 Scheiben getoastetes Weißbrot
2 EL Semmelbrösel
½ Tasse Orangenlikör
Salz
Prise Zucker
3 feste Äpfel
3 Eier

Nährwerte p. P.

627 kcal
44 g Kohlenhydrate
25 g Eiweiß
38 g Fett

1 Die geschälten Äpfel grob raspeln.

2 In einer Pfanne Butter erhitzen. Die Apfelraspel darin glasig andünsten. Salz und Zucker darübergeben. Mit Orangenlikör ablöschen.

3 Die Eier miteinander verrühren und zu den Äpfeln in die Pfanne geben. Das Ei stocken lassen und auf die Toastbrotscheiben verteilen.

4 Die Semmelbrösel darübergeben und eine Scheibe Käse auf jedes Brot legen. Für fünf Minuten bei 200 °C in den Backofen geben.

ZWETSCHGENBREI

1 Port.

13 Std.

Leicht

Zutaten

500 g Zucker
5 kg Zwetschgen
1 Stange Zimt
½ Tasse Essig

Nährwerte p. P.

4204 kcal
940 g Kohlenhydrate
30 g Eiweiß
10 g Fett

1 Die Zwetschgen entsteinen und in kleine Stücke schneiden. Alles in einen großen Topf füllen, Zucker dazugeben, gut verrühren. Die Zimtstange hineinlegen, den Essig hineinschütten und erneut gut verrühren.

2 Die gesamte Masse bei geringer Hitze 13 Stunden köcheln lassen. Hin und wieder umrühren.

3 In Gläser einfüllen und servieren.

Beilagen & Salate

DÄTSCHER

4 Port.

1 Std.
5 Min.

Leicht

Zutaten

300 g Kartoffeln
20 g Hefe
500 g Mehl
125 g Butterschmalz
100 ml saure Sahne
50 g Butter
Salz und Kümmel

Nährwerte p. P.

880 kcal
100 g Kohlenhydrate
16 g Eiweiß
45 g Fett

1 Die Hefe in lauwarmem Wasser auflösen. Das Mehl in einer Schüssel mittig eindrücken und dort die Hefe hineingeben. Ein wenig Mehl darübergeben.

2 Die Schüssel abdecken und den Teig an einem warmen Ort für 30 Minuten gehen lassen.

3 Die Kartoffeln kochen und reiben und mit dem Butterschmalz verkneten. Salz nach Belieben dazugeben. Aus dem Teig kleine Fladen formen, mit Sahne und Butter bepinseln und Salz und Kümmel darüberstreuen.

4 Den Backofen bei Ober-/Unterhitze auf 225 °C vorheizen. Für 20 Minuten backen.

FRÄNKISCHE BIERSPÄTZLE

4 Port.

30 Min.

Leicht

Zutaten

100 ml dunkles Bier
250 g Mehl
4 Eier
Salz und Muskat
50 g Butter

Nährwerte p. P.

765 kcal
96 kcal Kohlenhydrate
16 g Eiweiß
33 g Fett

1 Die Eier verquirlen. Nach und nach das Bier und das Mehl hinzufügen und mit Muskat und Salz abschmecken. Schlagen Sie den Teig so lange, bis sich Blasen bilden.

2 Salzwasser in einem Topf aufkochen. Den Teig portionsweise in den Spätzlehobel geben und ins Wasser hobeln. Sobald die Spätzle an die Oberfläche schwimmen, mit einer Kelle herausnehmen und in eine Schüssel mit kaltem Wasser legen.

3 Den kompletten Teig verarbeiten und die Spätzle im Sieb gut abtropfen lassen. Dann mit Butter servieren.

KARTOFFELKLÖẞE

4 Port.

1 Std.

Mittel

Zutaten

200 g Kartoffelmehl
1 ½ TL Salz
160 ml lauwarmes Wasser
800 g mehligkochende Kartoffeln

Nährwerte p. P.

288 kcal
66 g Kohlenhydrate
3 g Eiweiß
0 g Fett

1 Die Kartoffeln am Vortag abkochen.

2 Die geschälten Kartoffeln durch eine Spätzlepresse drücken. Salz und Kartoffelmehl dazugeben. Wasser hinzufügen und gut verkneten.

3 Die Hände anfeuchten und Klöße formen.

4 Salzwasser zum Kochen bringen und die Klöße darin 20 Minuten ziehen lassen. Das Wasser nicht kochen lassen!!! Sobald die Klöße an der Wasseroberfläche schwimmen, sind sie fertig.

WIRSINGGEMÜSE

4 Port.

30 Min.

Mittel

Zutaten

1 Zwiebel
1 Wirsingkopf
1 Msp. Natron
Pfeffer und Salz
etwas Butterschmalz
300 ml Brühe
Muskat
200 ml Sahne

Nährwerte p. P.

411 kcal
28 g Kohlenhydrate
10 g Eiweiß
25 g Fett

1 Den Wirsing in mehrere Teile schneiden und den Strunk heraustrennen. Den Wirsing in Streifen schneiden.

2 In einem Topf Butterschmalz erwärmen. Die Zwiebel fein würfeln und im Topf andünsten. Die Wirsingstreifen dazugeben, leicht anbraten und das Natron hinzugeben. Sobald der Wirsing ein wenig in sich versunken ist, mit der Brühe ablöschen und weichkochen lassen.

3 Den Wirsing pürieren und kräftig salzen und pfeffern und Muskat unterrühren. Sahne hineingießen und erneut gut umrühren.

SPECKKARTOFFELKLÖẞE

4 Port.

45 Min.

Leicht

Zutaten

500 g Kartoffelkloßteig
1 altes Brötchen
100 g Rauchfleisch
Salz
2 EL Butter

Nährwerte p. P.

476 kcal
68 g Kohlenhydrate
18 g Eiweiß
12 g Fett

1 In einer Pfanne die Butter schmelzen lassen. Das Brötchen in kleine Würfel schneiden und anrösten.

2 Das Rauchfleisch waschen und haschieren. Anschließend mit dem Kartoffelteig vermengen. In acht gleichmäßige Portionen teilen. Jede Portion in der Handinnenfläche plattdrücken und 4 - 5 Brotwürfel hineinlegen. Den Teig um die Würfel schließen.

3 In einem Topf Wasser mit Salz aufkochen lassen. Die Kartoffelklöße hineinlegen und aufkochen. Weitere 20 Minuten ziehen lassen. Sobald die Klöße an die Oberfläche kommen, sind sie fertig. Weitere drei Minuten ziehen lassen.

KARTOFFELSALAT

4 Port.

1 Std. 10 Min.

Leicht

Zutaten

1 TL Senf
1 Zwiebel
1 kg Kartoffeln
6 EL Weinessig
125 ml Fleischbrühe
2 EL Öl
1 Bund Schnittlauch
Salz, Pfeffer, Zucker

Nährwerte p. P.

220 kcal
36 g Kohlenhydrate
6 g Eiweiß
4 g Fett

1 Die Kartoffeln kochen, schälen und in Scheiben schneiden.

2 Die Zwiebel in feine Würfel schneiden. Zucker, Salz, Pfeffer, Senf, Essig und Öl miteinander verrühren, die Zwiebel und die Brühe dazugeben und gut verrühren. Diese Mischung über die Kartoffeln gießen und sachte umrühren.

3 Die Kartoffeln für 20 Minuten gut ziehen lassen.

4 Den Schnittlauch in feine Röllchen schneiden und den Kartoffelsalat damit garnieren.

MEHLSPOOTZN

2 Port.

20 Min.

Leicht

Zutaten

1 Ei
250 g Mehl
1 TL Salz
⅛ l Milch
Prise Muskat

Nährwerte p. P.

509 kcal
91 g Kohlenhydrate
18 g Eiweiß
6 g Fett

1 Ei, Salz, Mehl und Muskat miteinander vermengen. Schrittweise die Milch dazugießen und verrühren, bis der Teig Blasen wirft.

2 1,5 Liter Salzwasser zum Kochen bringen. Mit einem Esslöffel Spootzn ausstechen und ins Wasser geben. Schwimmen die Spootzn nach oben, sind sie fertig.

RAHM-HOPFENSPROSSEN

4 Port.

15 Min.

Leicht

Zutaten

500 g Hopfensprossen
Butter
200 ml Sahne
Pfeffer
Prise Salz

Nährwerte p. P.

392 kcal
15 g Kohlenhydrate
15 g Eiweiß
28 g Fett

1 Butter in einer Pfanne erhitzen und die Sprossen darin andünsten. Salzen und pfeffern.

2 Die Sahne über die Sprossen geben und einkochen lassen. Die Sahne dickt an. Bei Bedarf einen Löffel Schlagsahne unterheben.

ZWIEBELKLÖẞE

4 Port.

15 Min.

Mittel

Zutaten

500 g Zwiebeln
750 g Kloßteig
150 g Speck
Salz und Pfeffer
Muskat
Butterschmalz
Brühe

Nährwerte p. P.

864 kcal
88 g Kohlenhydrate
18 g Eiweiß
47 g Fett

1 Kleine Klößchen formen und in 1,5 Liter kochendes Wasser legen. Bei niedriger Temperatur sieden lassen.

2 Den Speck in Würfel schneiden. Reichlich Butterschmalz in einer Pfanne erwärmen und den Speck darin anbraten.

3 Die geschälten Zwiebeln fein würfeln. In die Pfanne geben und mit anbraten.

4 2 - 3 Kellen des Wassers, in dem die Klöße liegen, in die Pfanne geben. Diese Soße nun salzen und pfeffern. Ebenfalls mit Brühe und Muskat abschmecken.

5 Die Klöße aus dem Wasser holen und in der Soße erneut erhitzen.

6 In einem Suppenteller anrichten.

ERBSENBREI

4 Port.

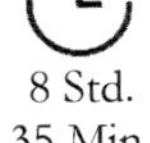
8 Std.
35 Min.

Mittel

Zutaten

1 Zwiebel
400 g getrocknete Erbsen
20 g Mehl
40 g Fett
1 Bund Suppengrün
Prise Salz, Pfeffer
100 g Speck
Butterschmalz

Nährwerte p. P.

348 kcal
18 g Kohlenhydrate
8 g Eiweiß
26 g Fett

1 Die gewaschenen Erbsen in 1,5 Litern kaltem Wasser über Nacht einweichen.

2 Das Suppengrün kleinschneiden und zu den Erbsen geben. Zwei Stunden lang weichkochen. Die weichen Erbsen anschließend durch ein Sieb reiben oder pürieren.

3 Die geschälte Zwiebel in Ringe schneiden. Butterschmalz erhitzen und das Mehl hineinrühren. Die Zwiebel dazugeben und anrösten.

4 Das Erbsenpüree hineingeben, erneut zum Kochen bringen und mit Pfeffer und Salz abschmecken. Die Speckwürfel unterrühren.

FRANSENKUCHEN

1 Port.

1 Std. 45 Min.

Leicht

Zutaten

1 Ei
500 g Mehl
200 ml lauwarme Milch
1 Würfel frische Hefe
1 EL Margarine
3 Kartoffeln
Salz
etwas Zucker
Fett

Nährwerte p. P.

2227 kcal
425 g Kohlenhydrate
50 g Eiweiß
31 g Fett

1 Den Backofen bei Ober-/Unterhitze auf 200 °C vorheizen.

2 Die geschälten Kartoffeln reiben und gut ausdrücken.

3 Das Mehl in eine Schüssel füllen und eine Mulde hineindrücken. In lauwarmer Milch die Hefe und den Zucker auflösen. Dieses Gemisch in die Mehl-Mulde geben und mit Mehl bedecken. Ein Geschirrtuch darüberlegen und den Vorteig 15 Minuten gehen lassen.

4 Alle übrigen Zutaten mit dem Vorteig verkneten. Schrittweise Milch dazugeben. Es sollte ein fester Teig entstehen. Den Teig für 30 Minuten ruhen lassen. Das Volumen vergrößert sich sichtbar.

5 Eine Backofenpfanne einfetten. Den Teig dünn in die Pfanne hineinstreichen. Für 30 - 45 Minuten in den Backofen geben.

SPARGELSALAT

4 Port.

30 Min.

Leicht

Zutaten

1 TL Zucker
1 TL Salz
1 TL Butter
1 kg Spargel
500 ml Wasser
250 ml Weißwein
2 Tomaten
2 hartgekochte Eier
1 TL Estragon
1 TL Pfefferkorn
1 TL Dillspitzen
1 TL Kerbel
3 EL Weißweinessig
etwas Schnittlauch
etwas Butter

Nährwerte p. P.

296 kcal
16 g Kohlenhydrate
14 g Eiweiß
7 g Fett

1 Den Spargel schälen und die holzigen Enden entfernen. Die Spargelschalen aufheben. In einem Topf Wasser mit Butter, Zucker und Salz aufkochen lassen. Die Spargelschalen hineingeben und bei niedriger Temperatur ca. 15 Minuten köcheln lassen.

2 Die Schalen abgießen und die Flüssigkeit in einem Topf auffangen. Die Pfefferkörner zerstoßen und in den Topf geben. Ebenfalls den Weißwein hineingießen. Alles aufkochen lassen. Den Spargel hineinlegen und 15 Minuten garen lassen. Den Spargel herausnehmen und in eine Auflaufform legen. Einen Deckel darauflegen.

3 Kerbel, Estragon und Dill fein hacken und über den Spargel streuen.

4 Den Spargelsud mit Essig verrühren und über den Spargel gießen. Den Deckel auflegen und über Nacht ziehen lassen. Ab und zu wenden.

5 Die hartgekochten Eier schälen und das Eiweiß und das Eigelb separat in Würfeln schneiden. Die Tomaten mit kochendem Wasser überschütten, die Schale entfernen, die Kerne herausschneiden und den Rest fein würfeln.

6 Den Schnittlauch in Röllchen schneiden. Den Spargel auf die Teller verteilen und die Eier- und Tomatenwürfel darüber verteilen und mit Schnittlauch bestreuen.

WEIßKRAUTSALAT

6 Port.

45 Min.

Mittel

Zutaten

100 g durchwachsenen Speck
1 Kopf Weißkraut
Salz, Kresse, Kümmel
2 EL Meerrettich
60 ml Öl
6 EL Weißweinessig

Nährwerte p. P.

160 kcal
8 g Kohlenhydrate
4 g Eiweiß
11 g Fett

1 Das Weißkraut in Viertel schneiden. Den Strunk entfernen und das restliche Kraut in dünne Streifen schneiden.

2 Einen Topf mit Salzwasser und 1 EL Kümmel zum Kochen bringen. Das Kraut hineingeben und fünf Minuten ziehen lassen. Anschließend in einem Sieb gut abtropfen lassen.

3 Den Speck in kleine Würfel schneiden. Öl in einer Pfanne erhitzen und den Speck darin langsam knusprig anbraten.

4 Eine Vinaigrette aus 6 EL Weißweinessig, 2 EL Meerrettich und 60 ml Öl anrühren.

5 Das Kraut mit den Speckwürfeln in eine Schüssel geben. Die Meerrettich-Vinaigrette darübergeben. Kresse unterrühren und 15 Minuten durchziehen lassen.

EINGEMACHTER SPARGELSALAT

5 Port.

2 Std.
35 Min.

Mittel

Zutaten

2 l Wasser
2 TL Salz
1 TL Zitronensaft
1 ½ kg weißer Spargel
1 TL Zucker
Weckgläser

Für den Sud:
1 ½ TL Salz
1 l Spargelsud
70 ml Essig
45 g Zucker
1 EL flüssige Speisewürze

Nährwerte p. P.

102 kcal
16 g Kohlenhydrate
5 g Eiweiß
0 g Fett

1 Den geschälten Spargel von den holzigen Enden befreien. Die Spargelschalen aufbewahren.

2 In einem Topf Salz, Zitronensaft, Zucker und die Spargelschalen zum Kochen bringen. Das Ganze 15 Minuten köcheln lassen. Alles durch ein Sieb gießen, die Flüssigkeit aber auffangen.

3 Diesen Spargelsud nun gut würzen. Den Spargel in Stücke schneiden und in fünf Gläser verteilen. Den Spargelsud dazugeben. Die Gläser verschließen.

4 Nun die Gläser für 120 Minuten in kochendem Wasser einkochen lassen.

KARTOFFEL-BÄRLAUCH-STAMPF

4 Port.

30 Min.

Leicht

Zutaten

125 ml Sahne
5 EL Butter
1 kg mehligkochende Kartoffeln
125 ml Gemüsebrühe
125 ml Milch
1 Bund Bärlauchblätter
Meersalz, Pfeffer

Nährwerte p. P.

1044 kcal
180 g Kohlenhydrate
26 g Eiweiß
22 g Fett

1 Die geschälten Kartoffeln in Stücke schneiden. Salzwasser zum Kochen bringen und die Kartoffeln darin weichkochen. Anschließend abseihen.

2 Den Bärlauch waschen und grob hacken. Gemüsebrühe zum Kochen bringen und den Bärlauch kurz darin dünsten. Den Bärlauch herausnehmen und pürieren.

3 Butter schmelzen. Die Kartoffelstücke entweder stampfen oder durch eine Presse drücken. Die Butter unterrühren.

4 Milch erwärmen und gemeinsam mit dem Bärlauch unter den Kartoffelstampf rühren. Etwas Sahne dazugeben und mit Pfeffer und Salz würzen.

Brotzeit

FLEISCHSALAT

4 Port.

10 Min.

Leicht

Zutaten

250 g Gewürzgurken
250 g Schinkenwurst
250 g Mayonnaise
Salz und Pfeffer
100 g junge Erbsen
Schnittlauch
ein wenig Gurkenwasser

Nährwerte p. P.

1204 kcal
7 g Kohlenhydrate
24 g Eiweiß
119 g Fett

1 Die Wurst in feine Streifen schneiden und die Gurken würfeln. Gemeinsam in einer Schüssel vermischen.

2 Die Erbsen und die Mayonnaise dazugeben. Alles mit ein wenig Gurkenwasser vermengen und mit Pfeffer und Salz würzen.

3 Den Schnittlauch in feine Röllchen schneiden und über dem Fleischsalat verteilen.

NÜRNBERGER GWERCH

2 Port.

15 Min.

Leicht

Zutaten

150 g weißer Presssack
150 g gekochtes Ochsenmaul
150 g roter Presssack
150 g Stadtwurst
Salz und Pfeffer
Schnittlauch
2 Gewürzgurken
Weißweinessig
Sonnenblumenöl
2 Zwiebeln

Nährwerte p. P.

511 kcal
14 g Kohlenhydrate
34 g Eiweiß
34 g Fett

1 Die Wurstsorten enthäuten und in Würfeln schneiden.

2 Die Gurken in dünne Scheiben schneiden und die geschälten Zwiebeln in Ringe schneiden. Die Wurstwürfel, die Zwiebel und die Gurken in eine Schüssel geben und vermengen.

3 Mit Pfeffer, Salz, Öl und Essig abschmecken. Den Schnittlauch in Röllchen schneiden und über den Salat streuen.

HÄCKERBROTZEIT

1 Port.

10 Min.

Leicht

Zutaten

1 Blutwurst
1 Leberwurst
1 Scheibe weißen Presssack
1 Scheibe roten Presssack
1 gekochtes Rippchen
2 Gewürzgurken
1 Scheibe Wacholderschinken
2 Tomaten
Schnittlauch und Petersilie
1 Rettich
1 grüne Paprika
1 Gurke

Nährwerte p. P.

778 kcal
19 g Kohlenhydrate
57 g Eiweiß
48 g Fett

1 Alle Fleisch- und Sülzearten auf einem Vesperbrett anrichten und mit dem Gemüse garnieren. Die Kräuter kleinschneiden und darüberstreuen.

BROTZEIT MIT KOCHKÄSE

4 Port.

40 Min.

Leicht

Zutaten

250 g Harzer Roller
100 g Butter
250 g Quark
200 ml Schlagsahne
1 TL Natronpulver

Nährwerte p. P.

494 kcal
4 g Kohlenhydrate
26 g Eiweiß
41 g Fett

1 Den Harzer Roller und die Butter in der Sahne zum Schmelzen bringen. Hin und wieder umrühren. Die Masse einmal aufkochen lassen und dann den Topf zur Seite stellen. Den Quark hineinrühren. Den TL Natron hinzugeben.

2 Ein großes Gefäß mit Deckel hinzuholen und die gesamte Masse hineinfüllen. Das Ganze nun für 24 Stunden in den Kühlschrank stellen. Die Masse wird sich um das Doppelte vermehren.

BRATWURSTSALAT

6 Port.

3,5 Std.

Mittel

Zutaten

400 g gewürfelten Speck
2 kg festkochende Kartoffeln
1 kg fränkische Bratwurst
8 EL Essig
½ l Fleischbrühe
2 große Zwiebeln
5 Essiggurken
Salz, Pfeffer

Nährwerte p. P.

1193 kcal
61 g Kohlenhydrate
51 g Eiweiß
80 g Fett

1 Die Kartoffeln kochen, schälen und dünne Scheiben schneiden.

2 Die Bratwürste grillen und jeweils in 0,5 cm dicke Scheiben schneiden. Das hieraus ausgebratene Fett beiseitestellen.

3 Die Zwiebeln in Scheiben schneiden. Drei Essiggurken in dünne Scheiben schneiden. Alle Zutaten miteinander verrühren und das Fett dazugeben, mit Gewürzen abschmecken.

4 Die übrigen Essiggurken der Länge nach in Scheiben schneiden und auf dem Salat anrichten.

5 Für drei Stunden gut durchziehen lassen.

EIERSALAT

2 Port.

20 Min.

Leicht

Zutaten

1 Zwiebel, mittelgroß
4 Eier, Größe L
Salz, Pfeffer
2 EL Mayonnaise

Nährwerte p. P.

266 kcal
3 g Kohlenhydrate
12 g Eiweiß
22 g Fett

1 Die Eier zehn Minuten kochen. Die Zwiebel fein würfeln.

2 Die Eier unter kaltem Wasser abschrecken. Wenn die Eier komplett abgekühlt sind, diese in kleine Stücke schneiden.

3 Die Zwiebel mit den Eiern und der Mayonnaise verrühren und mit Pfeffer und Salz würzen.

FLEISCHSÜLZE

4 Port.

3,5 Std.

Schwer

Zutaten

4 Blatt Gelatine
2 ½ kg Eisbein vom Schwein
1 Zwiebel
40 g Meersalz
6 Stück Piment
25 g Nitritpökelsalz
5 Wacholderbeeren
4 Lorbeerblätter
10 Pfefferkörner
7 EL Balsamico
1 TL Zucker
4 Nelken
1 TL weißer Pfeffer
Salz

Nährwerte p. P.

905 kcal
14 g Kohlenhydrate
99 g Eiweiß
49 g Fett

1 Das Fleisch in einen Topf mit kaltem Wasser legen und aufkochen lassen. Das Wasser anschließend abschütten und erneut Wasser hineingießen. Die Zwiebel, das Salz und die übrigen Gewürze hineingeben und erneut zum Kochen bringen. Für weitere drei Stunden köcheln lassen.

2 Die Brühe in einem weiteren Topf auffangen. Die Eisbeine vom Knochen und der Schwarte lösen. Von den Schwarten das Fett trennen und beiseitestellen.

3 Die Schwarte fein würfeln und mit heißem Wasser übergießen. Gemeinsam mit Zucker, Essig und Pfeffer verrühren und mit drei Schöpfkellen der aufgefangenen Brühe übergießen.

4 Die Gelatine in kaltem Wasser aufweichen und etwas Brühe dazugeben. Zur Schwartenmasse dazugeben. Salzen und pfeffern. Die Masse nun auf Gläser verteilen und im Kühlschrank für zwölf Stunden andicken lassen.

Aufstriche, Soßen & Dips

CAMEMBERT-AUFSTRICH

4 Port.

15 Min.

Leicht

Zutaten

1 Camembert
100 g Butter
1 EL gehackte Petersilie
1 EL helles Bier
1 rote Zwiebel

Nährwerte p. P.

297 kcal
1 g Kohlenhydrate
8 g Eiweiß
29 g Fett

1 Den Camembert mit einer Gabel zerdrücken. Die Butter zimmerwarm werden lassen und ebenfalls zerdrücken. Anschließend mit dem Camembert vermengen.

2 Das Bier dazugeben. Die Zwiebel in Ringe schneiden.

3 Den Aufstrich mit den Zwiebeln und der Petersilie garnieren.

MEERRETTICH-AUFSTRICH

1 Port.

15 Min.

Leicht

Zutaten

200 g Schafskäse
3 EL Sahne-Meerrettich
2 TL Olivenöl
100 g Frischkäse
2 Prisen Pfeffer
1 Knoblauchzehe
½ Bund Majoran, Schnittlauch, Petersilie

Nährwerte p. P.

895 kcal
8 g Kohlenhydrate
41 g Eiweiß
77 g Fett

1 Die Kräuter fein schneiden und den Knoblauch fein hacken.

2 Die Kräuter mit dem Frischkäse und dem Schafskäse verrühren und mit dem Sahne-Meerrettich, Pfeffer und Olivenöl verfeinern.

KÄNGURU-BUTTER

6 Port.

10 Min.

Leicht

1 Alle Zutaten miteinander verrühren und gut durchziehen lassen.

Zutaten

1 Beutel Zwiebelsuppe
200 g Sauerrahm
200 g Frischkäse
200 g Crème fraîche

Nährwerte p. P.

271 kcal
3 g Kohlenhydrate
4 g Eiweiß
26 g Fett

GÄNSESCHMALZ

1 Port.

90 Min.

Leicht

Zutaten

1 Apfel
1 Stk. Gänseflomen
¼ TL Majoran
1 Zwiebel
¼ TL Salz
250 g Schweineschmalz

Nährwerte p. P.

2349 kcal
20 g Kohlenhydrate
1 g Eiweiß
250 g Fett

1 Den Flomen in kleine Würfel schneiden. Das Fett für 50 Minuten bei geringer Hitze in einem Topf auslassen. Den Apfel entkernen, schälen und würfeln. Ebenfalls die Zwiebel fein würfeln. Sobald die Flomen schwimmen, die Apfel- und Zwiebelwürfel hineingeben. Mit Salz und Majoran abschmecken.

2 Für eine gute Streichfähigkeit 250 g Schweineschmalz hinzufügen.

WINZERAUFSTRICH

1 Port. 15 Min. Leicht

Zutaten

80 g Walnüsse
150 g Schwarzwälder Schinken
400 g Frischkäse
200 g Sauerrahm
1 kleine Zwiebel
½ Bund Schnittlauch
Paprikapulver, Pfeffer, Fondor

Nährwerte p. P.

2488 kcal
37 g Kohlenhydrate
90 g Eiweiß
218 g Fett

1 Den Schnittlauch in Röllchen schneiden, die Zwiebel fein würfeln und den Schinken ebenfalls würfeln.

2 Alle Zutaten miteinander vermengen. Mit Pfeffer, Fondor und Paprikapulver würzen.

3 Ein paar Minuten ziehen lassen.

ZIEBELESKÄS

 1 Port.
 15 Min.
 Leicht

Zutaten

1 Spritzer Zitronensaft
1 l Rohmilch
Salz und Pfeffer
2 gehackte Zwiebeln
1 Bund Schnittlauch

Nährwerte p. P.

725 kcal
54 g Kohlenhydrate
34 g Eiweiß
40 g Fett

1 Die Milch in der Wärme dick werden lassen. Nach zwei Tagen ist das der Fall. Einen Spritzer Zitronensaft dazugeben. Den Rahm abschöpfen.

2 Die Milch in Würfel schneiden. Diese in ein Baumwolltuch geben und abhängen lassen. Die Molke kann auf diese Weise abtropfen.

3 Den Ziebeleskäs herausholen und auflockern. Zwiebeln, Pfeffer und Salz unterrühren. Mit Schnittlauch servieren.

OBAZDA

1 Port.

15 Min.

Leicht

Zutaten

100 g Schmelzkäse
125 g Camembert
125 g Weinkäse
20 g Butter
20 g Zwiebel
schwarzer Pfeffer
Salz
1 TL Paprikapulver, edelsüß

Nährwerte p. P.

952 kcal
2 g Kohlenhydrate
38 g Eiweiß
87 g Fett

1 Den Weinkäse und den Camembert in grobe Würfel schneiden.

2 Die Zwiebel fein würfeln. Diese gewürfelten Zutaten mit der Butter, dem Schmelzkäse und dem Paprikapulver zerdrücken und gut vermischen.

3 Abschmecken und für eine Stunde ziehen lassen.

WALNUSS-BRENNNESSEL-DIP

1 Port.

40 Min.

Leicht

Zutaten

100 ml Olivenöl
100 g Feta-Käse
4 Knoblauchzehen
100 g Walnüsse
1 rote Chili
100 g Brennnessel

Nährwerte p. P.

1842 kcal
22 g Kohlenhydrate
41 g Eiweiß
174 g Fett

1 Die Brennnesseln heiß abwaschen und den geschälten Knoblauch fein hacken. Die Chili der Länge nach halbieren, die Kerne entfernen und in dünne Ringe schneiden.

2 Die Walnüsse kleinhacken und ohne Zugabe von Fett in einer Pfanne anrösten.

3 Den Knoblauch mit den Walnusskernen und den Brennnesseln pürieren. Schlückchenweise Olivenöl hinzufügen, bis es eine geschmeidige Masse ergibt.

4 Die Chiliringe hineingeben und den Feta-Käse dazugeben und bei Bedarf Öl untermengen. Abschließend würzen und in kleine Gläser füllen.

Hauptspeise – Fleisch & Geflügel

APFELKOTELETTS

2 Port.

1 Std. 15 Min.

Leicht

Zutaten

2 Tomaten
2 Zwiebeln
2 Äpfel
3 Stiele Petersilie
Salz und Pfeffer
1 EL Zitronensaft
4 Schweinekoteletts
65 ml Gemüsebrühe
1 ½ EL Öl

Nährwerte p. P.

675 kcal
39 g Kohlenhydrate
55 g Eiweiß
31 g Fett

1 Die Zwiebeln fein schneiden. Die Tomaten kreuzförmig einschneiden und kochendes Wasser darübergeben. Danach die Tomaten abschrecken, die Schale abziehen und in Scheiben schneiden.

2 Die geschälten Äpfel entkernen und in Spalten schneiden. Etwas Zitronensaft über die Apfelspalten träufeln. Das Fleisch mit Pfeffer und Salz würzen.

3 Öl in einer Pfanne erhitzen und das Fleisch rundherum scharf anbraten. Anschließend das Fleisch herausnehmen und den Bratensatz mit ein wenig Gemüsebrühe ablöschen und aufkochen lassen.

4 Die Petersilienblätter in Streifen schneiden.

5 In der Pfanne nochmals Öl erhitzen und die Zwiebelstreifen mit den Apfelspalten darin anbraten. Die Petersilie und die Tomaten hinzufügen.

6 Das Fleisch in eine Auflaufform legen und die übrigen Zutaten aus der Pfanne darauf verteilen. Mit der übrigen Gemüsebrühe aufgießen und bei Umluft 175 °C für 30 Minuten garen.

WESTERNPFANNE

4 Port.

30 Min.

Leicht

Zutaten

2 kleine Zwiebeln
100 g Buschbohnen
1 rote und gelbe Paprikaschote
1 Dose Mais
Salz, Pfeffer
3 Scheiben Frühstücksspeck
300 g Nürnberger Würstchen
2 EL Öl
Paprikapulver, edelsüß
Currypulver

Nährwerte p. P.

420 kcal
13 g Kohlenhydrate
15 g Eiweiß
33 g Fett

1 Die Bohnen halbieren. Salzwasser zum Kochen bringen und die Bohnen darin vier Minuten garen. Mit kaltem Wasser abschrecken und gut abtropfen lassen.

2 Die Zwiebeln in Viertel schneiden. Den Speck in kleine Würfel schneiden. Die Paprika in mundgerechte Stücke schneiden. Die Würstchen in Scheiben schneiden und den Mais abtropfen lassen.

3 Öl in einer Pfanne erhitzen und die Würstchenscheiben darin scharf anbraten. Die Zwiebel und die Speckwürfel dazugeben. Kurz anbraten.Das Gemüse hineingeben und den Deckel darauflegen. Auf mittlerer Stufe fünf Minuten garen. Mit Currypulver, Paprika, Salz und Pfeffer würzen.

BLUTWURST MIT ROMADUR

4 Port.

20 Min.

Leicht

Zutaten

1 EL Öl
6 EL Fleischbrühe
2 EL Essig
2 Lauchzwiebeln
1 Knoblauchzehe
1 rote Zwiebel
1 Tomate
200 g fränkische Blutwurst
200 g Romadur
½ Bund Petersilie, kraus

Nährwerte p. P.

144 kcal
9 g Kohlenhydrate
7 g Eiweiß
8 g Fett

1 Eine Vinaigrette aus Öl, Brühe und Essig anrühren.

2 Den geschälten Knoblauch durch die Knoblauchpresse drücken. Die geschälte Zwiebel in Ringe schneiden. Die Lauchzwiebeln ebenfalls in feine Ringe schneiden.

3 Die Tomate in Viertel schneiden. Das Tomatenfleisch würfeln. Die Petersilie hacken. Die angerührte Vinaigrette etwas anwärmen und alle vorbereiteten Zutaten dazugeben.

4 Die Haut von der Blutwurst abziehen. Die Wurst und den Käse in dünne Scheiben schneiden und fächerartig auf den Tellern drapieren. Die Vinaigrette darübergeben und mit Petersilie bestreuen.

BIERFLEISCH

6 Port.

30 Min.

Leicht

Zutaten

2 Petersilienwurzeln, gewürfelt
40 g Butterschmalz
1 ½ kg Rindfleisch
200 g Karotten, gewürfelt
150 g Sellerie, gewürfelt
350 g Zwiebeln, gewürfelt
250 ml Wasser
750 ml Bier
Salz, Pfeffer
Zucker
½ Bund Petersilie
250 g Schmand

Nährwerte p. P.

410 kcal
7 g Kohlenhydrate
54 g Eiweiß
17 g Fett

1 Würzen Sie das Fleisch mit Pfeffer und Salz. Butterschmalz in einer Pfanne erhitzen und das Fleisch darin scharf anbraten. Anschließend das Fleisch herausnehmen.

2 Das gesamte Gemüse im Bratansatz anrösten und mit Wasser und Bier ablöschen.

3 Legen Sie das Fleisch wieder in die Pfanne und kochen Sie es für 1,5 Stunden.

4 Die Soße mit einem Pürierstab sämig pürieren und Schmand unterrühren. Mit Zucker und Pfeffer abschmecken.

5 Mit gehackter Petersilie garnieren.

BIERKUTSCHERPFANNE

4 Port.

30 Min.

Leicht

Zutaten

2 EL Öl
8 große Kartoffeln
1 große Zwiebel
1 TL Kümmel
250 g Bratwurstfüllung
Salz und Majoran

Nährwerte p. P.

398 kcal
39 g Kohlenhydrate
13 g Eiweiß
20 g Fett

1 Den Backofen bei Ober-/Unterhitze auf 200 °C vorheizen.

2 Die Kartoffeln ungekocht raspeln. Die Zwiebel fein würfeln und in einer heißen Pfanne mit Öl andünsten. Die Bratwurstfüllung zerkleinern und zu den Zwiebeln geben. Beides etwas anbraten.

3 Das Salz, Majoran und die geraspelten Kartoffeln hinzufügen und mit andünsten.

4 Eine Auflaufform mit Fett einreiben und die Masse auf der Pfanne hineingeben. Den Kümmel darüberstreuen. Für 30 Minuten in den Backofen geben.

BRATWURST

4 Port.

10 Min.

Leicht

Zutaten

3 EL Butterschmalz
250 ml Milch
24 kleine rohe Bratwürste

Nährwerte p. P.

540 kcal
3 g Kohlenhydrate
32 g Eiweiß
45 g Fett

1 Einen großen Topf mit zwei Liter Wasser aufkochen lassen. Die Würstchen in das Wasser geben. Es darf nun nicht mehr kochen. Die Temperatur herunterschalten und so lange ziehen lassen, bis sie eine feste Konsistenz haben.

2 Die Würstchen herausholen und abtropfen lassen.

3 Butterschmalz in einer Pfanne heiß werden lassen. Vorab die Würstchen in die kalte Milch tunken und im Fett anbraten.

KRAUTAUFLAUF

4 Port.

30 Min.

Leicht

Zutaten

1 Weißkohl
½ TL Kümmel
1 Zwiebel
50 g Schweineschmalz
50 g Speck, dünne Scheiben
1 Lorbeerblatt
2 EL saure Sahne
500 g gemischtes Hackfleisch
1 Gewürznelke
Salz, Pfeffer

Nährwerte p. P.

697 kcal
19 g Kohlenhydrate
30 g Eiweiß
55 g Fett

1 Den Backofen bei Ober-/Unterhitze auf 200 °C vorheizen.

2 Das Kraut in heißes Wasser legen und 6 - 8 Blätter ablösen. Das übrige Kraut fein würfeln, abtropfen lassen.

3 Schmalz in einer Pfanne heiß werden lassen und das Kraut mit gewürfelten Zwiebeln, dem Lorbeerblatt, der Gewürznelke und Salz und Kümmel schmoren lassen.

4 Eine Auflaufform einfetten und 3 - 4 der Krautblätter hineinlegen. Das gebratene Kraut mit etwas Pfeffer und Salz würzen und das Hackfleisch untermischen. Diese Fleischmasse in die Auflaufform geben und mit den übrigen Krautblättern belegen. Die Speckscheiben obendrauf verteilen und die saure Sahne mit einem Pinsel auftragen.

5 Für 60 Minuten in den Backofen geben.

BAMBERGER ZWIEBEL

4 Port.

1,5 Std.

Leicht

Zutaten

4 Scheiben Speck
4 große Zwiebeln
600 g Schweinehack-fleisch
Salz und Pfeffer
1 Bund Petersilie
250 ml Kellerbier
2 Eier
Gemüsebrühe
Muskat, Majoran und Gemüsebrühe
2 alte Brötchen
Butter

Nährwerte p. P.

481 kcal
28 g Kohlenhydrate
39 g Eiweiß
21 g Fett

1 Die geschälten Zwiebeln an der Seite mit der Wurzel so abschneiden, dass man sie in den Topf stellen kann. Die andere Seite ebenfalls abschneiden und aushöhlen. Die übrige Zwiebel sollte einen 1 cm dicken Rand haben.

2 Die herausgeschnittenen Zwiebelteile hacken. Butter in einer Pfanne heiß werden lassen und die Zwiebeln darin andünsten. Die Petersilie hacken und mit dem Majoran zu den Zwiebeln geben.

3 Das Hackfleisch mit den angedünsteten Zwiebeln vermengen, mit Pfeffer, Salz und Muskat würzen.

4 Die Brötchen einweichen und gemeinsam mit den Eiern zur Hackmasse dazugeben. Alles gut verkneten. Die Masse auf die Zwiebeln verteilen.

5 Etwas Gemüsebrühe in einen Topf füllen und die Zwiebeln hineinstellen. Für 45 Minuten bei 180 °C dünsten. Bier dazugießen und erneut 30 Minuten in den Backofen geben.

6 Den Speck in einer Pfanne scharf anbraten und über jeder Zwiebel drapieren.

SCHÄUFERLA-KRUSTENBRATEN

4 Port.

2 Std.
20 Min.

Leicht

Zutaten

1 Möhre
1 Stk. Schweinenacken mit Schwarte
2 TL Senf
2 EL Mehl
2 l Brühe
1 TL Pfeffer, Salz, Paprika, Majoran
1 Zwiebel

Nährwerte p. P.

164 kcal
10 g Kohlenhydrate
15 g Eiweiß
6 g Fett

1 Das Fleisch mit Paprika, Salz, Pfeffer und Majoran würzen. Anschließend mit Senf einreiben und in einen Bräter legen.

2 Die Zwiebel in Streifen, die Möhre in Scheiben schneiden. Diese zum Fleisch dazugeben und alles mit der Brühe übergießen.

3 Die Soße passieren und das Mehl dazugeben.

SAURE ZIPFL

4 Port.

35 Min.

Leicht

Zutaten

1 l Fleischbrühe
24 kleine Nürnberger Rostbratwürste
30 g Zucker
100 ml weißer Essig
3 Lorbeerblätter
4 große Zwiebeln
200 ml Weißwein
30 g Zucker
6 Wacholderbeeren
1 TL Pfeffer

Nährwerte p. P.

1128 kcal
27 g Kohlenhydrate
50 g Eiweiß
83 g Fett

1 Die Brühe zum Kochen bringen. Alle Gewürze, Wein und Essig dazugeben.

2 Die geschälten Zwiebeln halbieren und in dünne Scheiben schneiden. Zur Brühe dazugeben und 15 Minuten ziehen lassen.

3 Die Würstchen ebenfalls hineinlegen, die Temperatur senken und weitere zehn Minuten sieden lassen.

BOHNEN MIT BROTSPOTZEN

 4 Port.
 45 Min.
 Mittel

Zutaten

2 l Brühe
500 g Buschbohnen
4 Mettwürste
1 Ei
50 g Mehl
125 ml Milch
1 Msp. Muskat
2 Brötchen

Nährwerte p. P.

567 kcal
55 g Kohlenhydrate
26 g Eiweiß
24 g Fett

1 Die Enden der Bohnen abschneiden und diagonal in Rauten schneiden. Die Wurst in Scheiben schneiden. Die Brühe aufkochen und die Bohnen mit den Wurstscheiben für 20 Minuten kochen.

2 Die Brötchen kleinschneiden und mit dem Mehl, der Milch und dem Ei verkneten. Muskat dazugeben. Mit einem angefeuchteten Teelöffel Nocken aus dem Teig stechen.

3 Diese „Brotspotzen“ unmittelbar in die Brühe legen und für zehn Minuten sachte köcheln lassen.

Hauptspeise – Fisch

FORELLE FRÄNKISCHE ART

1 Port.

15 Min.

Mittel

Zutaten

Salz, Pfeffer
1 Forelle
Zitronensaft
2 Eier
200 g Mehl
250 ml Landbier
Fett

Nährwerte p. P.

1132 kcal
151 g Kohlenhydrate
67 g Eiweiß
23 g Fett

1 Den Teig aus dem Mehl, den Eier und dem Bier zubereiten.

2 Den Fisch säubern und sowohl außen als auch innen mit Zitronensaft einreiben. Mit Salz und Pfeffer würzen.

3 Fett in einer Pfanne erhitzen.

4 Den Teig in eine Schüssel füllen und die Forelle darin wenden. Den Fisch unmittelbar in die heiße Pfanne geben und rundherum ausbacken.

MEEFISCHLI

2 Port.

1,5 Std.

Leicht

Zutaten

Zitronensaft
1 EL Mehl
1 Prise Zimt
500 g Meefischli (Mainfischchen)
Öl
Salz

Nährwerte p. P.

203 kcal
0 g Kohlenhydrate
37 g Eiweiß
5 g Fett

1 Die Fischchen waschen und gut abtupfen. Salzen und Zitronensaft darübergeben. 60 Minuten ziehen lassen.

2 Eine Prise Zimt mit dem Mehl vermengen und die Meefischli darin wenden. Öl in einer Pfanne erhitzen und die Fischchen darin ausbacken.

STOCKFISCH

5 Port.

1 Std.

Mittel

Zutaten

2 Eier
300 g Räucherbauch
2 mittelgroße, getrocknete Fische
5 Brötchen
4 Zwiebeln
Butter
Salz, Pfeffer

Nährwerte p. P.

338 kcal
29 g Kohlenhydrate
34 g Eiweiß
8 g Fett

1 Die getrockneten Fische kleinschneiden und für eine Woche in warmes Salzwasser legen. Jeden Tag das Wasser austauschen. Nach dieser Zeit die Haut entfernen und die Gräten herausnehmen. Den Fisch für 25 Minuten in Salzwasser sieden lassen.

2 Den Räucherbauch in mundgerechte Stücke schneiden und in einer Pfanne anbraten. Die gleiche Menge an Zwiebeln fein schneiden und dazugeben. Einen Teil davon zur Seite stellen.

3 Vier Brötchen in Scheiben schneiden und in einer Pfanne mit Butter anrösten.

4 Das Fischwasser abgießen, auffangen und für die Soße später verwenden.

5 Eine Auflaufform nacheinander mit Fisch, Zwiebel, Speck und Brötchenscheiben befüllen. Für 30 Minuten bei 100 °C Ober-/Unterhitze garen.

6 Das übrige Brötchen in Wasser einweichen. Dieses dann mit zwei Eiern verrühren. Diese Masse unter das Fischwasser rühren. Die aufgesparten Zwiebeln und Speckwürfel hinzufügen, salzen und pfeffern.

GEBACKENER KARPFEN

4 Port.

25 Min.

Leicht

Zutaten

Weizenmehl
4 Stücke Karpfenfilet
Butterschmalz
Salz, Pfeffer
Zitronensaft

Nährwerte p. P.

304 kcal
20 g Kohlenhydrate
52 g Eiweiß
10 g Fett

1 Den Fisch säubern, mit Salz einreiben und mit Zitronensaft beträufeln.

2 Viel Butterschmalz in einer Pfanne heiß werden lassen. Der Fisch soll darin schwimmen können. Sobald große Blasen entstehen, ist das Fett heiß genug.

3 Das Mehl in einen tiefen Teller füllen und den Fisch darin wenden. Unmittelbar im Fett ausbacken.

ZANDER

4 Port.

30 Min.

Mittel

Zutaten

600 g Zanderfilet
250 g Mozzarella
400 g Tomaten
40 Maismehl
Salz, Pfeffer
4 EL Olivenöl

Nährwerte p. P.

736 kcal
19 g Kohlenhydrate
93 g Eiweiß
31 g Fett

1 Den Fisch salzen und pfeffern und im Maismehl wenden. Öl in einer Pfanne erhitzen und rundherum anbraten.

2 Den Stiel der Tomaten herausschneiden. Den Mozzarella und die Tomaten in Scheiben schneiden.

3 Backpapier auf ein Backblech legen. Den Backofen auf der Grillfunktion auf 220 °C vorheizen. Die Mozzarella- und Tomatenscheiben auf den Fischfilets fächerartig drapieren. Salz und Pfeffer darübergeben. Fünf Minuten in den Backofen geben. Olivenöl über den Fisch träufeln.

INGREISCH

2 Port.

20 Min.

Leicht

Zutaten

50 g Mehl
400 g Milchner vom Karpfen
½ Zitrone
½ TL Salz
1 l Pflanzenöl

Nährwerte p. P.

328 kcal
17 g Kohlenhydrate
44 g Eiweiß
8 g Fett

1 Den Milchner säubern, abtupfen und in Mehl wenden. Öl in einem Topf erhitzen und die Milchner darin frittieren.

2 Abschöpfen und die Milchner salzen und mit Zitronenscheiben servieren. Etwas Zitronensaft darübergeben.

SAIBLING

2 Port.

30 Min.

Mittel

Zutaten

1 Ei
500 g geschälte Kartoffeln
1 Schalotte
1 Salatgurke
Salz, Pfeffer, Muskat
20 g Butter
1 Zweig Dill
2 je 300 g Saibling-Filets
Butterschmalz
Öl

Nährwerte p. P.

472 kcal
45 g Kohlenhydrate
40 g Eiweiß
12 g Fett

1 Reiben Sie die Kartoffeln ganz fein und lassen Sie diese auf einem Sieb über einer Schüssel abtropfen. Dieses Kartoffelwasser erneut zu den Kartoffeln geben und mit Salz, Pfeffer, Muskat und dem Ei verrühren. Butterschmalz in einer Pfanne erhitzen und Kartoffeltaler ausbacken.

2 Die geschälte Gurke längs halbieren und die Kerne herausschaben. Anschließend die Gurkenhälften in feine Scheiben schneiden.

3 Die Schalotte würfeln und in einer Pfanne mit heißem Öl dünsten. Gurken dazugeben, mit Salz würzen. Bei geschlossenem Deckel und niedriger Temperatur schmoren. Geschnittenen Dill und Butter hinzufügen.

4 Die Fischfilets halbieren und etwas salzen. Butterschmalz in einer Pfanne zum Schmelzen bringen. Die Fischfilets mit der Haut nach unten scharf für fünf Minuten anbraten. Die Pfanne beiseitestellen und nun die andere Seite der Filets zwei Minuten nachziehen lassen.

GEBEIZTE LACHSFORELLE

2 Port.

6 Std.

Mittel

Zutaten

300 g Salz
500 g Filet von einer Lachsforelle
15 g fränkischer Hopfen
10 g Piment
100 g Zucker

Nährwerte p. P.

467 kcal
50 g Kohlenhydrate
50 g Eiweiß
7 g Fett

1 Den Hopfen mit dem Zucker, dem Salz und Piment vermengen. Die Fischfilets darin einlegen und gekühlt für 24 Stunden ziehen lassen.

2 Die Beize abwaschen und für fünf Stunden wässern.

3 Die Filets trockentupfen und in dünne Scheiben schneiden.

Hauptspeise – Vegetarisch

SCHWARZBIER-GEMÜSE-GULASCH

4 Port.

45 Min.

Leicht

Zutaten

400 g Champignons
1 kg Kartoffeln
2 Pastinaken
2 Knoblauchzehen
2 Zwiebeln
3 Möhren
½ Sellerieknolle
2 EL Tomatenmark
200 ml Schwarzbier
300 ml Gemüsebrühe
Salz, Pfeffer
Petersilie
1 TL Paprikapulver
1 TL Thymian
2 EL Sojasauce
1 EL Senf

Nährwerte p. P.

400 kcal
73 g Kohlenhydrate
12 g Eiweiß
1 g Fett

1 Den Sellerie, die Möhren, die Pastinaken und die Kartoffeln in mundgerechte Stücke schneiden. Die Pilze halbieren und die Zwiebeln und den Knoblauch fein hacken. Öl in einer Pfanne erhitzen. Die Zwiebeln, den Knoblauch und das Gemüse darin andünsten. Thymian, Senf und Tomatenmark hinzugeben und anbraten.

2 Mit Sojasauce, Schwarzbier und Gemüsebrühe ablöschen. Temperatur herunterschalten und 20 Minuten köcheln lassen. Abschließend mit Salz und Pfeffer abschmecken und mit Petersilie garnieren.

EINGESCHNITTENE KLÖßE

4 Port.

30 Min.

Leicht

Zutaten

200 ml Milch
3 EL Schnittlauch
3 EL Butterschmalz
Salz, Pfeffer
800 g Klöße vom Vortag
3 Eier

Nährwerte p. P.

459 kcal
36 g Kohlenhydrate
14 g Eiweiß
28 g Fett

1 Den Backofen bei Ober-/Unterhitze auf 200 °C vorheizen.

2 Die Klöße in Scheiben schneiden. Butterschmalz in einer Pfanne erhitzen und die Klößchenscheiben darin anbraten.

3 Die Milch mit den Eiern verquirlen und mit Salz und Pfeffer würzen. Den Schnittlauch in Röllchen schneiden und dazugeben.

4 Die angebratenen Kloßscheiben in einer Auflaufform schichten und die Eiermasse darüber verteilen. Für 25 Minuten in den Backofen geben.

BAGGERS (KARTOFFELPUFFER)

4 Port.

30 Min.

Mittel

Zutaten

1 Frühlingszwiebel
750 g Fränkischer Kloß-teig
150 ml Wasser
½ TL Meersalz
1 - 2 Eier
1 mittelgroße Zwiebel
Butterschmalz

Nährwerte p. P.

618 kcal
116 g Kohlenhydrate
14 g Eiweiß
8 g Fett

1 Die geschälte Zwiebel in kleine Würfel schneiden. Die Frühlingszwiebel komplett in feine Ringe schneiden.

2 Das Wasser und den Kloßteig gut miteinander verkneten. Alle restlichen Zutaten dazugeben und erneut vermengen.

3 Einen Esslöffel Butterschmalz in einer Pfanne schmelzen. Einen gehäuften Esslöffel Teig in das heiße Fett setzen und etwas flachdrücken. Rundherum knusprig braten. Mit dem restlichen Teig auf diese Weise fortfahren.

ROSENKOHLAUFLAUF

4 Port.

1 Std.

Leicht

Zutaten

300 g festkochende Kartoffeln
800 g Rosenkohl
300 g Sahne
Salz, Pfeffer und Zucker
1 Knoblauchzehe
1 Msp. gemahlener Kümmel
2 EL Olivenöl
1 Ei
100 g geriebener Käse
1 TL Thymian

Nährwerte p. P.

1052 kcal
46 g Kohlenhydrate
39 g Eiweiß
74 g Fett

1 Den Backofen bei Ober-/Unterhitze auf 200 °C vorheizen.

2 Aus dem Rosenkohl den Strunk herausschneiden, die äußersten Blätter entfernen. Alles waschen und den Strunk am Ende mit einem Kreuz einschneiden. Wasser mit Salz und Zucker in einem Topf zum Kochen bringen. Den Rosenkohl darin für drei Minuten blanchieren und anschließend abschrecken.

3 Die Kartoffeln schälen, jeweils in zwei Hälften und anschließend in Scheiben schneiden. Den geschälten Knoblauch fein hacken.

4 Das Ei mit dem Olivenöl und der Sahne vermischen und mit Kümmel, Pfeffer und Salz abschmecken.

5 Die Kartoffeln, den Knoblauch und den Rosenkohl in einer Auflaufform verteilen. Die Eimischung darübergeben. Für 30 – 40 Minuten in den Backofen schieben. Fünf Minuten vor Backzeit-Ende den Käse und den Thymian über dem Auflauf verteilen.

SCHWARZBROTKNÖDEL MIT GEMÜSESOßE

4 Port.

40 Min.

Mittel

Zutaten

Für die Knödel:
1 Zwiebel
200 ml Milch
200 g trockenes Bauernbrot
2 EL Butter
1 Bund Petersilie
1 EL Mehl
2 Eier
Salz, Pfeffer, Muskat

Für die Soße:
4 Knoblauchzehen
2 Zwiebeln
2 TL Mehl
3 - 4 EL Olivenöl
400 g Wurzelgemüse
2 EL gehackte Kräuter
400 ml Wasser
4 EL passierte Tomaten
4 EL Sojasoße
Salz, Pfeffer

Nährwerte p. P.

866 kcal
83 g Kohlenhydrate
29 g Eiweiß
41 g Fett

1 Das Brot in kleine Würfel schneiden. Heiße Milch darübergeben und 30 Minuten einweichen lassen.

2 Das Wurzelgemüse, die Zwiebel und die Knoblauchzehen fein würfeln. Etwas Olivenöl in einer Pfanne erhitzen und das Gemüse hineingeben. Eine Prise Salz darübergeben und kurz anbraten. 2 TL Mehl darüberstreuen und weitere zwei Minuten anrösten. Die passierten Tomaten hineinfüllen, gehackte Kräuter unterrühren. Mit der Sojasoße ablöschen. 400 ml Wasser dazugießen, den Deckel auflegen und zehn Minuten köcheln lassen. Abschließend mit Pfeffer und Salz würzen.

3 Die Petersilie fein hacken. Die geschälte Zwiebel fein würfeln. Die Butter in einer kleinen Pfanne zum Schäumen bringen. Die Zwiebel hineingeben und andünsten. Salz darüberstreuen. Die gehackte Petersilie dazugeben und alles gut verrühren. Zur Seite stellen. Diese Mischung zu den Brotwürfeln geben und Mehl hineingeben. Die Eier hineinschlagen und alles gut miteinander verkneten. Abschließend mit Muskat, Pfeffer und Salz abschmecken.

4 Salzwasser zum Kochen bringen. Um die Festigkeit zu testen, einen Knödel als Probe hineingeben. Die Hände anfeuchten und Knödel formen. Im Salzwasser für ungefähr zehn Minuten durchziehen lassen.

SEITAN-BRATWÜRSTE

16 Port.

30 Min.

Mittel

Zutaten

500 ml Wasser
50 g Hefeflocken
500 g Seitanpulver
1 - 2 EL Majoran
1 TL Koriandersamen
1 pürierte Zwiebel
7 EL Rapsöl
1 TL Zucker
10 g Salz
1 TL Pfeffer
2 EL Sojasoße

Nährwerte p. P.

63 kcal
1 g Kohlenhydrate
2 g Eiweiß
5 g Fett

1 Den Backofen bei Ober-/Unterhitze bei 180 °C vorheizen.

2 Das Seitanpulver mit allen anderen Zutaten verrühren. 16 - 18 Portionen formen. Ein Backpapier zu Hilfe nehmen und jeweils eine 2. 2,5 cm dicke Wurst formen. Diese Würste dann mit Alufolie umwickeln, die Enden verzwirbeln. Alle Würste auf ein Backblech legen.

3 Für 50 Minuten backen. Hin und wieder wenden. Anschließend noch 15 Minuten im abgeschalteten Backofen ruhen lassen.

4 Die Würste auspacken und in der Pfanne oder auf dem Grill zubereiten.

GRÜNKERNKÜCHLEIN

4 Port.

30 Min.

Leicht

Zutaten

2 Eier
1 l Wasser
250 g Grünkernschrot
2 EL Petersilie
1 Zwiebel
10 g Butter
2 eingeweichte Brötchen
Muskat, Pfeffer, Salz,
Majoran, Thymian

Nährwerte p. P.

161 kcal
16 g Kohlenhydrate
8 g Eiweiß
6 g Fett

1 Petersilie fein hacken, die Zwiebel fein würfeln und in Butter andünsten.

2 Den Grünkern in Wasser zum Kochen bringen und abkühlen lassen. Alle anderen Zutaten dazugeben und miteinander verkneten. Mit den Gewürzen abschmecken. Die Hände anfeuchten und kleine Küchlein formen.

3 Fett in einer Pfanne heiß werden lassen und die Küchlein langsam ausbraten.

Nachspeisen und Gebäck

ZITRONENTARTE

1 Tarte

1 Std.
10 Min.

Mittel

Zutaten

160 g Weißmehl
80 Zucker
1 TL Backpulver
80 g Butter
1 Ei
150 g Zucker
250 g gemahlene Mandeln
4 - 5 Zitronen
Eigelb

Nährwerte p. P.

3722 kcal
364 g Kohlenhydrate
75 g Eiweiß
210 g Fett

1 Eine Springform einfetten und mit etwas Mehl bestäuben.

2 Die ersten fünf Zutaten gut miteinander verkneten. Einen Teil für den Rand und das Tarte-Gitter beiseitestellen und kühlen. Den übrigen Teig ausrollen und in die Form legen.

3 Die restlichen Zutaten für die Füllung verarbeiten. Diese in die Form füllen.

4 Den gekühlten Teig ausrollen und in 1 cm Streifen schneiden. In einer Gitterform obenauf legen und einen Rand rundherum legen. Mit dem Eigelb bestreichen.

5 Den Backofen nicht vorheizen! Bei 165 °C Ober-/Unterhitze für 30 - 40 Minuten backen.

SCHNEEBALLEN

12 – 15 Stk.

1 Std. 20 Min.

Mittel

Zutaten

35 g Butter
250 g Mehl
3 Eier
3 EL Sauerrahm
1 Msp. Salz
2 EL Zucker
Butterschmalz

Nährwerte p. P.

111 kcal
15 g Kohlenhydrate
3 g Eiweiß
4 g Fett

1 Die Butter in feinen Flocken ins Mehl geben. Zucker, Salz, Eier und Sauerrahm hineingeben und verkneten. Für eine Stunde gehen lassen.

2 Die Arbeitsfläche mit Mehl bestäuben. Ca. 15 cm große Flecken ausrollen. Mit einem Backrädchen 1 cm breite Streifen schneiden. Hierbei allerdings einen Rand von 1 cm auslassen. Mit einem Kochlöffel unter jeden zweiten Streifen fahren. Das Ganze zu einer lockeren Kugel formen.

3 Fett in einem Topf erhitzen.Jede Teigkugel einzeln in ein Sieb legen und erstmal mit Sieb in das heiße Öl halten. Sobald der Ball nicht mehr auseinanderfallen kann, kurz noch vom Sieb runter ins Öl gleiten lassen und ausbacken.

4 Auf einem Küchenpapier abtropfen lassen.

FRÄNKISCHE APFELKRAPFEN

15 Stk.

20 Min.

Leicht

Zutaten

300 ml Milch
300 g Mehl
75 g Zucker
75 ml Sprudel
Prise Salz
1 EL Rapsöl
2 Äpfel
3 Eier

Nährwerte p. P.

1002 kcal
168 g Kohlenhydrate
28 g Eiweiß
22 g Fett

1 Mehl, Salz, Zucker, Sprudel, Eier und Milch in einer Schüssel vermischen.

2 Die gewaschenen Äpfel entkernen und in kleine Würfel schneiden. Die Apfelwürfelchen unter den Teig heben.

3 Etwas Öl in einer Pfanne erhitzen und 2 - 3 EL des Teiges hineinsetzen. Die Krapfen bei mittlerer Stufe ausbacken. Sobald der Rand etwas braun wird, den Krapfen wenden.

KÄSEKUCHEN

4 Port.

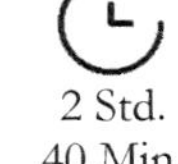
2 Std.
40 Min.

Mittel

Zutaten

500 g Mehl
Prise Salz
25 g frische Hefe
65 g Zucker
250 ml lauwarme Milch
1 Ei
65 g Butter
125 ml Milch
1 Pck. Vanillezucker
1 kg Äpfel
4 Eier
1 kg Magerquark
Puderzucker

Nährwerte p. P.

1095 kcal
157 g Kohlenhydrate
52 g Eiweiß
26 g Fett

1 Den Backofen bei 200 °C Ober-/Unterhitze vorheizen.

2 Die Hefe mit dem Mehl vermengen. Salz, das Ei, Zucker, lauwarme Milch und zerlassene Butter hinzufügen und zu einem Teig kneten. Den Teig abdecken und gehen lassen. Das Volumen sollte sich deutlich vergrößern.

3 Die Arbeitsfläche mit Mehl bestäuben und den Teig ausrollen (ca. Backblechgröße). Ein Backblech einfetten. Den Teig auf das Backblech legen, an den Rändern den Teig hochdrücken. Ein Küchentuch darüberlegen und erneut gehen lassen.

4 Die Milch mit dem Quark verrühren und auf dem Teig verteilen. Zucker, Eier und Vanillezucker verquirlen und auf dem Quark verstreichen.

5 Die geschälten Äpfel halbieren und entkernen. Dünne Spalten schneiden. Diese nun wie Dachziegel auf dem Kuchen anordnen. Erneut für 15 Minuten zugedeckt ruhen lassen.

6 Den Kuchen 30 Minuten backen. Abschließend in Rechtecke schneiden und Puderzucker darüberstreuen.

TIEGEL-PFANNKUCHEN

6 Port.

20 Min.

Leicht

Zutaten

Prise Salz
130 ml Milch
150 g Mehl
2 Eiweiß
4 Eigelb
1 Msp. Backpulver
Prise Zimt
3 Äpfel
1 EL Butter
Mandelblätter und gehackte Haselnüsse

Nährwerte p. P.

164 kcal
18 g Kohlenhydrate
6 g Eiweiß
6 g Fett

1 Den Backofen bei Ober-/Unterhitze auf 180 °C vorheizen.

2 Eigelb, Milch, Zimt und Mehl miteinander vermischen. Das Salz zu den Eiweißen geben und steifschlagen. Anschließend zum anderen Teig dazugeben. Nach Belieben Haselnüsse und Mandeln unterheben.

3 Schälen und entkernen Sie die Äpfel und schneiden Sie diese in Spalten.

4 Butter in einer ofenfesten Pfanne erhitzen und die komplette Form damit einreiben. Eine Lage Teig hineingeben, Apfelspalten darauflegen und nochmals eine Lage Teig darübergeben. Zehn Minuten im Backofen backen.

WEINCREME

4 Port.

3 Std.

Leicht

Zutaten

80 g Zucker
4 Eier
350 ml fränkischer Weißwein
1 Pck. Vanillezucker
2 EL Zitronensaft
250 ml Sahne
6 Blatt helle Gelatine

Nährwerte p. P.

419 kcal
25 g Kohlenhydrate
8 g Eiweiß
25 g Fett

1 Das Eigelb vom Eiweiß trennen und aufbewahren.

2 Legen Sie die Gelatine in Wasser.

3 Vanillezucker und Zucker unter das Eigelb rühren und schaumig schlagen. 2 EL Zitronensaft und den Wein hinzufügen. Erhitzen Sie diese Mischung in einem Topf, lassen Sie sie einmal aufkochen und nehmen Sie sie vom Herd. Das Wasser aus der Gelatine drücken und möglichst klumpenfrei in den Topf einrühren.

4 Das Eiweiß steifschlagen, ebenfalls die Sahne steifschlagen. Bei den ersten Anzeichen, dass die Gelatine beginnt zu stocken, die Sahne und den Eischnee unterrühren.

5 In bauchige Weingläser verteilen und abgedeckt ungefähr 2 Stunden und 20 Minuten in den Kühlschrank stellen.

KLÖẞE MIT VANILLESCHAUMSOẞE

4 Port.

50 Min.

Mittel

Zutaten

40 g Semmelbrösel
1 Vanilleschote
420 ml Milch
50 g Schlagsahne
4 Brötchen
150 g Zucker
6 Eigelb
1 Bio-Orange
120 g Butterschmalz
1 TL Zimt

Nährwerte p. P.

815 kcal
82 g Kohlenhydrate
14 g Eiweiß
48 g Fett

1 Die Vanilleschote der Länge nach halbieren und das Vanillemark herauskratzen. Milch, Sahne und die Vanilleschote in einen Topf geben und langsam erwärmen. Anschließend 20 g Zucker dazugeben und auflösen.

2 Drei Eigelb und die lauwarme Vanillemilch in eine flache Schale füllen.

3 Die Brötchen der Länge nach halbieren und auf einer sehr feinen Reibe die Rinde abreiben. Diese Brösel in eine Schale geben und mit den Semmelbröseln vermengen. Die halben Brötchen in der warmen Vanillemilch für 15 Minuten einlegen, hin und wieder umdrehen.

4 Heißes Wasser über die Orange geben, abtupfen und Schale abreiben (1 – 2 Teelöffel). Vanillemark, 40 g Zucker und das übrige Eigelb miteinander verquirlen. Im kochenden Wasserbad fünf Minuten aufschlagen. Die abgeriebene Orangenschale dazugeben und die Schüssel aus dem Wasserbad nehmen. Warmhalten und hin und wieder umrühren.

5 Die Brötchen abtropfen lassen und in den Semmelbrösel wenden. Den Zimt mit dem übrigen Zucker vermengen. Das Butterschmalz in einer Pfanne erhitzen. Die Brötchen portionsweise im Butterschmalz rundherum anbraten. Abtropfen lassen und in der Zimt-Zucker-Mischung wenden.

6 Mit der Vanillesoße genießen.

GEWÜRZKUCHEN

1 Kuchen

50 Min.

Leicht

Zutaten

250 g Zucker
250 ml Kaffee
400 g Mehl
125 ml Pflanzenöl
200 g gemahlene Nüsse
200 g Blockschokolade
2 Pck. Vanillezucker
6 Eier
20 g Butter
1 Pck. Backpulver
bunte Streusel
Schokoglasur
2 TL Zimt
3 TL Backkakao
2 TL Lebkuchengewürz

Nährwerte p. P.

6413 kcal
677 g Kohlenhydrate
131 g Eiweiß
341 g Fett

1 Bei Ober-/Unterhitze den Backofen auf 175 °C vorheizen.

2 Die Blockschokolade ganz fein raspeln und in heißem Kaffee auflösen.

3 Den Vanillezucker mit dem Zucker und den Eiern schaumig schlagen. Das Öl und die Nüsse untermischen. Das Backpulver mit dem Mehl, Zimt, Lebkuchengewürz und Kakao verrühren.

4 Ein tiefes Backblech mit Fett einreiben und den Teig hineinfüllen. Für 30 Minuten backen.

5 Den Kuchen auskühlen lassen und mit der geschmolzenen Schokolade überziehen. Unmittelbar die bunten Streusel darauf verteilen.

APFELSCHNEE

4 Port.

30 Min.

Leicht

Zutaten

250 ml Wasser
1 kg Äpfel
125 g Zucker
3 Eiweiß
4 TL Zitronensaft
250 ml Weißwein
½ Vanilleschote
½ TL Zimt
1 EL Rum
1 EL Zucker
200 ml Sahne
1 Pck. Vanillezucker

Nährwerte p. P.

1046 kcal
150 g Kohlenhydrate
10 g Eiweiß
33 g Fett

1 Die geschälten Äpfel entkernen.

2 Wein, Wasser, Zucker und 2 TL Zitronensaft in einem Topf vermengen. Die Äpfel darin dünsten. Anschließend abtropfen und abkühlen lassen.

3 Die Äpfel durch die Flotte Lotte passieren oder mit einem Pürierstab pürieren. Im Kühlschrank kaltstellen.

4 Vanillemark, Zucker, Vanillezucker, 2 TL Zitronensaft und Eiweiß schnittfest aufschlagen. Schritt für Schritt Zimt, Rum und das Apfelmus hinzugeben und zu einer schaumigen Masse aufschlagen.

5 Portionsweise auf Gläser verteilen und mit Schlagsahne servieren.

STORCHENNESTER

8 – 10 Stk.

1,5 Std.

Leicht

Zutaten

2 Eier
2 EL Zucker
400 g Mehl
125 g Schlagobers
2 Eigelb
Öl zum Frittieren
Puderzucker

Nährwerte p. P.

237 kcal
35 g Kohlenhydrate
6 g Eiweiß
7 g Fett

1 Das Mehl durch ein Sieb auf die Arbeitsfläche sieben und in der Mitte eine Kuhle bilden. Alle übrigen Zutaten in die Kuhle geben und miteinander verkneten. Den Teig in Frischhaltefolie wickeln und für 30 Minuten kühlen.

2 Den Teig rechteckig ausrollen. Er sollte ungefähr 2 cm dünn sein. Mit einem kleinen Teigroller Quadrate ausschneiden (15 x 15 cm). Nun 1 cm breite Streifen in diese Quadrate hineinradeln. Ringsherum einen Rand von 1 cm freilassen. Mit den Fingern zu einem Knäuel drehen.

3 Frittieröl in einen hohen Topf füllen. Dies solle ca. 10 cm hoch sein und auf 180 °C erhitzt werden. Legen Sie die Teigballen mit einem Schöpfer in das Fett und frittieren Sie die Ballen für 20 Sekunden. Abtropfen lassen und mit Puderzucker bestäuben.

FEUERSPOTZN

2 Port.

25 Min.

Leicht

Zutaten

5 Eier
Mark 1 Vanilleschote
2 Pck. Vanillezucker
500 g Mehl
1 Pck. Backpulver
170 g Zucker
500 g Magerquark
Prise Salz
1 kg Butterschmalz
Puderzucker

Nährwerte p. P.

1572 kcal
286 g Kohlenhydrate
65 g Eiweiß
16 g Fett

1 Zucker, Vanillemark, Vanillezucker und Eier schaumig schlagen. Prise Salz dazugeben. Den Quark unter die Eiermasse geben. Backpulver und Mehl vermengen, durchsieben und Schritt für Schritt unterheben.

2 In einem großen Topf Butterschmalz auf 170 °C erhitzen. Kleine Kugeln mit Hilfe eines Esslöffels aus dem Teig stechen und in das heiße Fett legen. Goldbraun backen und mit einer Schaumkelle abschöpfen. Auf einem Küchenpapier abtropfen lassen und mit Puderzucker bestäuben.

KIRSCHMICHL

4 Port.

45 Min.

Leicht

Zutaten

1 Glas Schattenmorellen
4 alte Brötchen
2 Eier
300 ml warme Milch
50 g Zucker
50 g weiche Butter
1 EL Butter und Semmelbrösel
2 TL Backpulver
1 Pck. Vanillezucker
Puderzucker
Vanillesoße (Fertigprodukt)

Nährwerte p. P.

384 kcal
47 g Kohlenhydrate
10 g Eiweiß
16 g Fett

1 Den Backofen bei Ober-/Unterhitze auf 200 °C vorheizen.

2 Die Kirschen abtropfen lassen und die Butter weich werden lassen.

3 Die Brötchen in kleine Stücke schneiden und mit warmer Milch übergießen. Diese muss komplett von den Brötchen aufgesogen werden.

4 Das Eigelb vom Eiweiß trennen. Die Eiweiße aufschlagen. Zucker, Butter, Vanillezucker und Backpulver verrühren. Die Eigelbe unterheben. Den Eischnee, die Brötchen und die Kirschen ebenfalls unterheben.

5 Eine Auflaufform einfetten und mit den Semmelbröseln einstreuen. Die komplette Masse hineinfüllen und für 30 Minuten backen.

6 Mit Puderzucker bestäuben und mit Vanillesoße genießen.

HEFEKLÖßE AUF BEERENGELEE

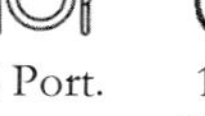

4 Port. | 1 Std. 10 Min. | Leicht

Zutaten

50 g Butter
125 ml Milch
30 g Hefe
Prise Zimt
1 EL Butter
50 g Butter
1 Ei
300 g Weizenmehl
50 g Zucker
Beerengelee
2 EL Semmelbrösel

Nährwerte p. P.

1111 kcal
133 g Kohlenhydrate
22 g Eiweiß
52 g Fett

1 Die Milch erwärmen und mit Butter, Zimt und Hefe verrühren. Das Mehl hineinsieben. Das Ei und den Zucker dazugeben und alles gut verkneten. Den Teig zudecken und an einem warmen Ort 20 Minuten aufgehen lassen.

2 Die Arbeitsfläche mit Mehl bestäuben und den Teig zunächst nochmals durchkneten und auf der Fläche eine Rolle daraus formen. Sechs Klöße daraus formen und erneut 20 Minuten aufgehen lassen.

3 Die Klöße in ein Sieb geben und über kochendem Wasser 25 Minuten garen.

4 1 EL Butter in einer Pfanne schmelzen und Semmelbrösel darin bräunen. Ein wenig Beerengelee in einen tiefen Teller geben, die Klöße darauf anrichten und mit den Semmelbröseln bestreuen.

Getränke

DISTELHÄUSER GLÜHBIER

2 Port.

30 Min.

Leicht

Zutaten

2 g Vanilleschoten
1 g Vanillepulver
2 cm Zimtrinde
4 Stk. Kardamom
2 Nelken
600 ml Distelhäuser Winterbock
400 ml Kirschsaft
1 Msp. gemahlener Ingwer

Nährwerte p. P.

200 kcal
36 g Kohlenhydrate
1 g Eiweiß
0 g Fett

1 Den Kirschsaft mit dem Bier vermischen.

2 Alle Gewürze in einen Teefilter geben und in die Flüssigkeit hängen.

3 Das Ganze auf 65 °C erwärmen und 20 Minuten ziehen lassen.

BIERLIKÖR

1 Port.

3,5 Std.

Mittel

Zutaten

1,4 l Schnaps
3 l Bockbier
2 TL Zimt
2 Zimtstangen
4 Vanilleschoten
4 Pck. Bourbon-Vanillearoma
500 g Rohrzucker
2 Sternanis
6 Gewürznelken

Nährwerte p. P.

6633 kcal
664 g Kohlenhydrate
17 g Eiweiß
2 g Fett

1 Vanille, Zimt, Bockbier, Nelken, Anis und Rohrzucker aufkochen lassen. Nutzen Sie hierfür einen sehr großen Topf, da sich viel Schaum entwickelt. 20 Minuten köcheln lassen und anschließend für 2 – 3 Stunden abkühlen lassen.

2 Die Flüssigkeit abfiltern und in einen 5-Liter Glasballon geben. Abschließend den Schnaps dazufüllen und gut durchschütteln.

3 Für zwei Monate kühl und dunkel lagern. Einmal in der Woche umkippen.

HOPFEROL

1 Glas

5 Min.

Leicht

Zutaten

100 ml Pils bzw. hopfengeprägtes Bier
20 ml Aperol

Nährwerte p. P.

76 kcal
3 g Kohlenhydrate
0 g Eiweiß
0 g Fett

1 Das Bier in ein Sektglas füllen. Hierbei auf eine schöne Schaumblume achten.

2 Den Aperol durch den Schaum dazugießen.

SANFTER ENGEL

1 Port.

5 Min.

Leicht

Zutaten

2 Kugeln Vanilleeis
150 ml kalter Orangensaft
Sahne, Schokoladensauce, Früchte für die Deko

Nährwerte p. P.

261 kcal
38 g Kohlenhydrate
3 g Eiweiß
10 g Fett

1 Zwei Kugeln Vanilleeis in ein hohes Glas geben und den Orangensaft dazugießen.

2 Nach Belieben mit Schokoladensauce, Sahne oder auch Früchten garnieren.

GOAẞ'N MAẞ

1 Port.

5 Min.

Leicht

Zutaten

2 cl Kirschlikör
2 cl Weinbrand
500 ml dunkles Bier
500 ml Cola

Nährwerte p. P.

342 kcal
65 g Kohlenhydrate
2 g Eiweiß
0 g Fett

1 Das Bier in einen Maßkrug geben. Langsam die Cola hinzugeben.

2 Kirschlikör und Weinbrand dazugießen.

QUITTENLIKÖR

1 Port.

45 Min.

Leicht

Zutaten

300 g Zucker
3 kg Quitten
10 Pck. Vanillezucker
500 g brauner Zucker
750 ml Rum
½ kleine Flasche Butter-Vanille-Aroma

Nährwerte p. P.

7150 kcal
1087 g Kohlenhydrate
9 g Eiweiß
6 g Fett

1 Die Quitten mit einem elektrischen Entsafter entsaften. Den Saft anschließend mit allen Zutaten (außer dem Rum) in einen großen Topf geben und aufkochen lassen. Hierbei durchgehend umrühren.

2 Den Quittensaft abkühlen lassen. Den Rum dazugeben.

3 In schöne Flaschen verteilen und vier Wochen ziehen lassen.

GEWÜRZWEIN

4 Port.

55 Min.

Mittel

Zutaten

1 EL Rohrzucker
500 ml Wein (fränkischer Silvaner)
3 Körner Piment
2 Sternanis
1 kleiner Apfel
5 Gewürznelken
1 Msp. Muskat
1 Msp. Kardamom
1 EL Zitronensaft
1 Zimtstange
5 Körner schwarzer Pfeffer

Nährwerte p. P.

120 kcal
8 g Kohlenhydrate
0 g Eiweiß
0 g Fett

1 Den geschälten Apfel vom Kerngehäuse befreien und in Viertel schneiden. Diese Viertel erneut halbieren. Die Apfelspalten in einem Topf langsam anbräunen. Den Zucker zu den Äpfeln geben und schmelzen lassen. Hierbei durchgehend umrühren. Die Äpfel mit dem Wein ablöschen. Alle Gewürze dazugeben. Den Herd abschalten, bevor die Masse kocht. Für 20 Minuten ziehen lassen.

2 Erneut erhitzen, aber nicht kochen lassen, und nochmals 20 Minuten ziehen lassen. Bevor der Wein verzehrt wird, erneut erhitzen und abseihen.

3 Ein paar Apfelspalten auf die Gläser verteilen und den Wein darübergießen.